AF191186

KLIMAFREUNDLICH LEBEN

Erfahrungen
Herausforderungen

ein Praxisversuch

Gruppenarbeit von

Angela Kraus, Anna Feldmeier, Claudia Wagner, Evelyn
Gora, Gabriele Köhne-Volland,
Olaf Keser-Wagner, Ulrike Parusel,
Uwe Reebs

Mit Ergänzungen von

Elisabeth Frank
Paolo Lucarelli

© 2023 Angela Kraus, Anna Feldmeier, Claudia Wagner, Evelyn
Gora, Gabriele Köhne-Volland, Olaf Keser-Wagner, Ulrike Parusel,
Uwe Reebs
Arbeitskreis Klimafreundlich Leben (KFL) Pfarrverband Menzing

Bibliografische Information der Deutschen Nationalbibliothek:
Die Deutsche Nationalbibliothek verzeichnet diese Publikation in
der Deutschen Nationalbibliografie; detaillierte bibliografische
Daten sind im Internet über dnb.dnb.de abrufbar.

Bildnachweis:
Soweit nicht vermerkt: CC-Lizenz über Pixabay
Umschlagseite: Lizenz über Canva

Herstellung und Verlag:
BoD – Books on Demand, Norderstedt
ISBN: 9 783758 313974

INHALT

THEMENFELD KONSUM

UNSERE VORHABEN UND DIE PUNKTE...   56

GEMEINSAM MIT KLEINEN SCHRITTEN VORWÄRTS KOMMEN ...   66

Herzlich willkommen,

liebe TeilnehmerInnen, in Eurem neuen „klimafreundlichen Leben"….

Naja, um ehrlich zu sein, komplett CO_2-neutral wird das Leben der zehn TeilnehmerInnen des Kurses „Klimafreundlich Leben" noch nicht sein. Aber der Pfarrverband Menzing freut sich sehr über die erfolgreiche Durchführung dieses ersten Kurses.

Schaufenster-Zitat in Wiesbadener „Unverpackt-Laden"
(Foto: O. Keser-Wagner)

Den Nachhaltigkeits-Leitlinien des Pfarrverbands Menzing folgend (https://pfarrverband-menzing.de/gemeindeleben/#umwelt) möchten die TeilnehmerInnen aber nicht nur auf ihre eigene Lebensweise achten, sondern auch Sie, liebe LeserInnen, mit guten Ideen zu einem noch klimafreundlicheren Leben motivieren.

Grußwort

Und das Ergebnis halten Sie nun in den Händen. Die TeilnehmerInnen stellen Ihnen nachfolgend ihre eigenen Projekte und Ideen vor, welche sie in den letzten Monaten an insgesamt sechs gemeinsamen Abenden erarbeitet haben.

Und denken Sie dabei insbesondere an den primären Leitsatz der TeilnehmerInnen:

„Vom Reden ins Handeln kommen!"

Nun wünschen wir Ihnen einige inspirierende Stunden beim Blättern.

Korbinian Mäusbacher (Pfarrverband Menzing)

Dieses Buch ist entstanden als eine Gemeinschaftsaufgabe der TeilnehmerInnen des Kurses „Klimafreundlich Leben". Der Kurs wurde durch Elisabeth Frank und Paolo Lucarelli von www.leocor.org begleitet und fand im Pfarrverband Menzing mit Unterstützung der Diözese München und Freising statt.

Plakat „Haltung zeigen fürs Klima!" am Pfarrbüro Leiden Christi
(Foto: O. Keser-Wagner)

Im Zeitraum von sechs Monaten haben sich die AutorInnen im Abstand von rund vier Wochen mehrmals getroffen und über vier Schwerpunktthemen durchaus auch kontrovers diskutiert. Die Themenblöcke Ernährung, Energie, Verkehr und Konsum bilden daher das Gerüst dieses Buches.

Vorbemerkung

Elisabeth und Paolo haben uns bei den Terminen mit aktuellen Daten rund um Klimawandel, Energiebilanzen, CO_2-Ausstöße, Elektroautos und Balkonkraftwerke versorgt. Manches hat uns überrascht, einiges auch schockiert. Vieles hatte man schon mal irgendwie gehört.

Beispiel für ein Balkonkraftwerk (Foto: Pixabay)

Es gehört zum Konzept dieses Kurses, dass Zeit ist für Gespräch und Austausch. So entstanden Ideen und konkrete Möglichkeiten, um im eigenen Lebensumfeld ein Stückchen klimafreundlicher zu leben. Ziel war – nach der Erstellung eines ersten ökologischen Fußabdrucks – konkrete Vorhaben in den genannten Themenblöcken zu entwickeln. Diese Vorhaben sollten im Alltag durchführbar sein und für den jeweiligen Teilnehmenden neu. Auch der Zeitraum zwischen den einzelnen Terminen war bewusst gewählt. Denn es braucht ein paar Wochen, um Änderungen im Verhalten einzuüben.

Dazu kam ein ausgeklügeltes Punktesystem, welches einen zusätzlichen Anreiz gab: Jedes Vorhaben bekam zunächst einen Punkt. Maximal konnten zwanzig Punkte pro Termin vergeben werden. Hatte jemand zwei Vorhaben, wurden zwei Punkte zugeteilt. Die restlichen Punkte konnten dann von einzelnen Kursteilnehmenden an die Vorhaben vergeben werden, die sie besonders aufwändig, wirksam oder attraktiv fanden. Beim nächsten Termin wurde dann berichtet, was von den Vorhaben wie umgesetzt wurde. Und die Gruppe entschied dann, ob die volle Punktzahl oder Abzüge gegeben wurden. Dieser spielerische Ansatz bot für uns zusätzlich einen Anreiz und lockerte die Diskussion auch etwas auf.

Alle TeilnehmerInnen sind sich einig: die Kombination aus fachlichem Input, Diskussion und vor allem den individuellen Vornahmen war inspirierend. Der Blick auf unser eigenes Verhalten hat sich dadurch verändert. Wir entdeckten leichter die Stellschrauben, an denen wir selbst mit wenig drehen können.

In diesem Sinne ist dieses Buch gedacht: wir möchten unsere persönlichen Erfahrungen teilen und zeigen, wie leicht und wie schwer manch eine Aufgabe sich individuell darstellt. Unseren

Vorbemerkung

LeserInnen wünschen wir, dass sie sich durch die kurzen Geschichten inspirieren lassen, um klimafreundlicher zu leben.

An dieser Stelle ein großer Dank sowohl an Leocor als auch an den Pfarrverband Menzing für die Möglichkeit, diese Ergebnisse zu präsentieren und unsere Erfahrungen zu teilen.

Themenfeld Ernährung

Allgemeine Einführung

Wieviel Fleisch, Ei, Fisch... muss es sein? Ofengemüse mit
Kräuterquark als schmackhafte Alternative.
(Foto: O. Keser-Wagner)

Unsere Ernährungsgewohnheiten haben nicht nur
Auswirkungen auf unsere Gesundheit, sondern
auch auf die Umwelt. Die landwirtschaftliche
Produktion, insbesondere die Tierhaltung,
verursacht erhebliche Treibhausgasemissionen
und hat einen hohen Wasserverbrauch. Die
deutsche Politik hat Maßnahmen ergriffen, um
nachhaltige Ernährung zu fördern. Dazu gehört
beispielsweise die Förderung des ökologischen

Ernährung

Landbaus und die Unterstützung regionaler Lebensmittelproduktion. Es wurden auch Kampagnen gestartet, um das Bewusstsein für nachhaltige Ernährung zu schärfen und Verbraucher über die ökologischen und gesundheitlichen Auswirkungen ihrer Ernährungswahl aufzuklären. Zudem wurden Vorschriften erlassen, um den Einsatz von Pestiziden und Antibiotika in der Landwirtschaft zu begrenzen und den Tierschutz zu verbessern.

Überrascht haben uns folgende Zahlen aus dem Kurs:

Treibhausgasemissionen (CO_2) pro Kilogramm bezogen auf das angegebene Nahrungsmittel (www.OurWorldInData.org)

1 KG von … erzeugt	…kg CO_2
Rindfleisch aus der Mast	99,48 kg
Schafs- oder Hammelfleisch	39,72 kg
Rindfleisch von Milchkühen	33,30 kg
Gezüchtete Garnelen	26,87 kg
Käse	23,88 kg
Schweinefleisch	12,31 kg
Geflügelfleisch	9,87 kg
Eier	4,67 kg
Reis	4,45 kg

Tofu (Sojabohne)	3,16 kg
Milch	3,15 kg
Tomaten	2,09 kg
Mais	1,70 kg
Weizen & Roggen	1,57 kg
Erbsen	0,98 kg
Kartoffeln	0,46 kg
Nüsse	0,43 kg

Hier sind einige einfache und doch wirkungsvolle Maßnahmen, die jeder in seinem Alltag umsetzen kann:

Plastik vermeiden und Verpackung reduzieren: Der Verzicht auf Plastikverpackungen und die Reduzierung anderer Verpackungsmaterialien wie Glas und Dosen tragen dazu bei, die Menge an Abfall zu verringern und die Umweltbelastung zu reduzieren.

Regional und saisonal einkaufen: Indem wir Lebensmittel aus der Region und entsprechend der Jahreszeit einkaufen, verringern wir den Transportaufwand und unterstützen lokale Landwirte.

Keine Flugware und bedachter Obstkonsum: Der Verzicht auf Flugwaren und ein bewussterer

Umgang mit dem Konsum von Obst, das weite Transportwege hinter sich hat, helfen, den CO_2-Ausstoß zu reduzieren.

Tiefkühlwaren reduzieren: Die Produktion von Tiefkühlwaren verbraucht vergleichsweise viel Energie. Es ist vorteilhaft, frische und unverarbeitete Lebensmittel zu bevorzugen, wann immer möglich.

Maßvoller Fleischkonsum: Fleischkonsum trägt zur Regenwaldabholzung und erhöhten Treibhausgasemissionen durch Tierhaltung bei. Wir können unseren CO_2-Fußabdruck verringern, indem wir Fleisch bewusster und in Maßen genießen.

Kurze Transportwege bevorzugen: Die Reduzierung langer Transportwege, insbesondere bei Fleisch, kann den CO_2-Ausstoß deutlich senken. Regionale Lieferketten sind daher zu bevorzugen.

Nachhaltige Tierhaltung: Nicht alle Formen der Tierhaltung sind umweltschädlich. Extensiv betriebene Weidetierhaltung wie bei Ziegen, Deichschnucken und Mutterkühen kann Teil eines nachhaltigen Kreislaufs sein, sofern ausreichend Futter vor Ort verfügbar ist.

Wasserverbrauch bei der Nahrungsmittelproduktion: Die Produktion von Lebensmitteln erfordert eine erhebliche Menge an Wasser. Ein bewusster Umgang mit Wasser bei der Lebensmittelherstellung und in unserem persönlichen Konsum ist daher wichtig.

Lebensmittelverschwendung ist nicht nur ethisch fragwürdig, sondern führt auch zu unnötigen Treibhausgasemissionen. Durch einen bewussten Umgang mit Lebensmitteln und eine bessere Planung können wir dazu beitragen, diese Verschwendung zu reduzieren.

Butter, Eier, Käse - eine Familienherausforderung
Uwe Reebs

Bisher hatte ich beim Thema Ernährung vor allem den reinen Gesundheitsaspekt im Blick und den Wunsch nach möglichst wenig denaturierten Produkten. Es hatte mich vor vielen Jahren auch sehr beeindruckt, als ich gelernt hatte, dass für 1 kg Lachs 7 kg Futterfische erforderlich sind. Der Blickwinkel war aber eher der „Raubbau an der Natur" durch das Leerfischen der Meere. Dass die verschiedenen Lebensmittel einen so eklatant unterschiedlichen CO_2-Ausstoß mit sich bringen (siehe Tabelle oben), war mir völlig unbekannt und verhalf mir zu einem wichtigen Perspektivenwechsel. Dabei musste ich auch feststellen, dass unser so geliebter Käse alles andere als klimafreundlich daherkommt.

So entschied ich mich nun bei meiner Kursaufgabe zum Punkt Ernährung, den Verbrauch von Butter, Eiern und Käse in unserem 4-Personenhaushalt um 50 % zu reduzieren.

Glücklicherweise bin ich ein Fan von Excel-Tabellen und auch deren Erstellung bereitet mir viel Freude. So erfasste ich als erstes den Anfangsbestand, dann den jeweiligen Zukauf und dann den Folgebestand nach einer Woche, um damit den Wochenverbrauch zu ermitteln. Die erste Woche sollte im Verbrauchsverhalten ganz wie immer sein und die Referenzgröße für die Folgewochen abgeben.

Erstaunt war ich schon beim Erfassen, wie viele verschiedene Sorten von Käse unser Haushalt verwendet; ca. 8-10 pro Woche (in meiner Kindheit waren es meist nur 2). Hier zeigte sich, wie viel Käse als „Fleischersatz" beim Kochen zum Einsatz kommt. Relativ einfach war die Sache beim Thema Butter. Hier gibt es aber auch mehrere Ausweichprodukte. Butterschmalz wurde ohne Probleme ganz ausgelistet und mit Pflanzenöl und Margarine kompensiert. Die Butterdose am Tisch wurde einfach zu je 50 % mit Butter und Margarine befüllt, der Aufstand am Frühstückstisch blieb somit aus, zumal die morgendliche Eile und die streichfähigere Margarine sich vor allem beim Pausenbrot sehr gut vertrugen. Bei Butter lag der Rückgang in der

4. Woche bei über 60 %, gleichwohl wurde in dieser Zeit nicht besonders viel gebacken.

Beim Einsparen der Eier gelangen uns am Schluss 40 % und beim Herunterfahren des Käseverbrauchs 36 %. Damit war das Ziel rechnerisch zwar nicht erreicht, schlecht war das Ergebnis trotzdem nicht.

Die wesentliche Erfahrung war, wie eingefahren und automatisiert wir im Alltag sind. Es ist nicht nur damit getan, andere Produkte zu verwenden; diese müssen erst gefunden und eingekauft werden. Auch hier werden alte Routinen gestört und es kostet Zeit, Erfahrungen mit einem veränderten Einkauf und der Qualität und Handhabung der Ersatzprodukte zu machen. So eine Selbstverpflichtung mit konkretem Ziel für vier Wochen hilft dabei gut, einiges aufzubrechen und zu verändern. Ohne Kreativität, einer gewissen Gelassenheit, aber auch Hartnäckigkeit ist eine solche Veränderung kaum zu erreichen. Der Austausch in der Gruppe war dabei ganz wichtig, um am Ball zu bleiben. Er führte außerdem zu vielfältigen weiteren Anregungen.

Verpackungsberge, Hafermilch und Kochökonomie
Evelyn Gora

Wenn ich einkaufen gehe, fallen mir aufwendige Verpackungen stärker auf als früher. Ich überlege, welche Produkte ich auch unverpackt kaufen kann. Zum Beispiel auf dem Markt - oder ich radele ca. 1x im Monat in den Unverpackt Laden in Laim (www.nebenan-unverpackt.de). Ich denke darüber nach, was ich wirklich brauche und was ich selbst machen kann: Brot-Aufstriche oder Hafermilch? Diese schmeckt zwar anders als gekaufte, braucht für meinen Geschmack noch einen Schuss Dattelsirup. 24 Stunden im Kühlschrank einweichen (ca. 100 g in 1 Liter Wasser), mit dem Pürierstab mixen, absieben, fertig! Der Haferrest wird dann zum Müsli verarbeitet. Auch beim Kochen überlege ich zunehmend, ob nicht z.B. alles gleichzeitig im Ofen gemacht werden kann: Ofengemüse auf einer Etage und Kartoffeln auf der anderen. Auf der Herdplatte brauche ich seltener 2 oder 3 Kochplatten. Bei kälterem Wetter sind Eintöpfe und Suppen angesagt, im Sommer ohnehin viel Salat und Rohkost, und in einen Wok schnipsele ich alles, was ich gerade zur Hand habe. Damit die Küche abwechslungsreich bleibt, lasse ich mich überraschen von dem Inhalt meiner „Querfeld Tüte" (https://querfeld.bio) – einem Gemüseabo, welches an Abholstationen oder direkt ins Haus liefert. Empfehlen kann ich diesbezüglich auch den Amperhof (www.amperhof.de) oder das Kartoffelkombinat (www.kartoffelkombinat.de).

Von Joghurt und Fleisch ...
Angela Kraus

Meine bisherigen Ernährungsgewohnheiten (fleischreduzierte Mischkost) grundlegend zu verändern, plane ich nicht. Allerdings achte ich beim Einkauf deutlich effektiver auf die Einsparung von Kunststoffverpackungen, seitdem ich meine Vorhaben, Käse nur unverpackt zu kaufen und Joghurt selbst herzustellen, umgesetzt habe.

Zur heimischen Joghurt-Herstellung braucht man 1 Liter Kuhmilch und 2 Esslöffel Naturjoghurt. Die Milch wird fast bis zum Kochen erhitzt und dann wieder auf ca. 45°C im Wasserbad abgekühlt. Daraufhin rührt man den Joghurt unter und füllt die Milch in saubere Gläser, die verschlossen werden. Nach 4 bis 6 Stunden Ruhezeit im ca. 45° warmen Wasserbad (Herd auf Garstufe 45°) ist der Joghurt stichfest und hält verschlossen im Kühlschrank mindestens 1 Woche. Bei der Abkühlung der Milch auf 45° habe ich mich auf mein Finger-Temperatur-Gefühl verlassen, was bisher gut funktioniert hat. Energieeffizienter ist es natürlich, wenn man so viel Joghurt herstellt, wie in den Herd passt oder wenn man eine Wärmequelle nutzt, die ohnehin vorhanden ist.

Selbstgemachter Joghurt (Foto: Pixabay)

Meiner Meinung nach muss man nicht gänzlich auf tierisches Eiweiß verzichten, will man sich klimaschonend und tierwohlgerecht ernähren.

Studien (2018 Poore + Nemecek, Environmental Impacts of Food Production, Our World in Data, Leocor gGmbH) belegen, dass bei Rindermast mehr CO_2 entsteht als bei Schweine- oder Geflügelmast. Konsumiert man Lebensmittel tierischer Herkunft unter Berücksichtigung des Tierschutzes, sollte man weder Rind-, Schweine- oder Geflügelfleisch aus konventioneller Massentierhaltung wählen. Ebenso tierschutz-relevant ist, dass die Fleischprodukte nicht von

Schlachthöfen stammen, die im Akkord schlachten und zu denen die Tiere über weite Strecken transportiert werden. Dies vermeidet unnötiges Tierleid und verbessert die Fleischqualität.

Schweine vertragen sehr gut die Haltung im Freien.
(Foto: Pixabay)

Kuhmilch-Produkte und Eier kaufe ich (fast) nur in Bioqualität von regionalen Erzeugern und hoffe, dadurch bessere Haltungsbedingungen für die Tiere zu unterstützen.

Nach meiner Erfahrung sind mit etwas Rechercheaufwand kleine Schlacht-betriebe auffindbar, die Fleisch (hier muss es sich nicht zwangsläufig um biozertifiziertes Fleisch handeln) von Tieren verkaufen, die bestmöglich artgerecht gehalten wurden und einen kurzen Transportweg zum Ort der Schlachtung zurücklegen mussten. Ideal, sowohl im Sinne des Tierschutzes als auch der Fleischqualität, ist die Schlachtung am Ort der Herkunft des Tieres. Seitdem in unserer Küche überwiegend tierische Produkte unter diesen Kriterien verwendet werden, sehen wir in dem Nahrungsmittel Fleisch und Wurst nicht länger ein günstig zu erwerbendes Produkt vom Discounter. Wir haben gelernt, Fleisch oder Wurst wieder wertzuschätzen und deutlich seltener zu konsumieren.

Bioregionalität - oder Kartoffelkombinat und Ökokiste
Anna Feldmeier

Aufgrund meiner Arbeit und meiner Interessen war mir bereits bewusst, dass unsere Ernährung einen schockierend hohen Beitrag zu den Treibhausgasemissionen und dem Klimawandel leistet. Es geht hierbei nicht in erster Linie darum, wie ich es in der Küche zubereite, sondern um die Lieferkette: wie werden die Lebensmittel produziert, welche Akteure und Unternehmen sind involviert? Es spielt natürlich auch eine Rolle, wo das Lebensmittel herkommt. Und trotz meiner Kenntnisse, Erfahrungen und bereits umgesetzten Änderungen im Konsum von Lebensmitteln (kein Fleisch, Bio-Lebensmittel und wenn möglich saisonal und regional) wollte ich wissen, was ich als Endverbraucher noch tun kann. Denn die Fakten sagen, dass 35 % aller vom Menschen verursachten Treibhausgasemissionen auf die Lebensmittelindustrie entfallen. Eine Studie hat nun quantifiziert, dass tierische Lebensmittel daran mit 57 % den größten Anteil haben.

Die Gruppe und die Gespräche haben mich motiviert, mich umzusehen. Die Zahlen sprechen für sich, mehr zu tun und andere daran teilhaben zu lassen.

Ich achte beim Einkauf auf bioregionale Lebensmittel, erkenntlich beispielsweise am Regionalfenster und am Bayerischen Bio-Siegel (mein Licht im Siegeldschungel):

Dann hat man zugleich die Saisonalität dabei. Ich vermeide Obst aus Übersee. Bio-Lebensmittel will ich weiterhin in meinen Einkaufswagen packen, denn seit diesem Jahr gibt es auch eine Studie dazu: Laut der Studie der TU München halbieren sich nicht nur die flächenbezogenen Treibhausgasemissionen im ökologischen Pflanzenbau. Durch den Verzicht auf mineralische Düngemittel (Stickstoff, Phosphor etc.) und chemisch-synthetische Pflanzenschutzmittel, benötigt der Öko-Landbau auch gerade einmal die Hälfte des Energieeinsatzes im Vergleich zur konventionellen Landwirtschaft. Dadurch ergeben sich geringere CO_2-Emissionen und eine deutlich verminderte Abhängigkeit von fossilen Energieträgern.

Während des Kurses habe ich mich umgeschaut, welche Alternativen es zum Supermarkt vor der Haustüre gibt. Beispielsweise kann man gerade Bio-Obst und -Gemüse gut über die Ökokiste (https://www.oekokiste.de) und in München über das Kartoffelkombinat beziehen (https://www.kartoffelkombinat.de/blog).

Durch politische Maßnahmen wird meist noch viel mehr erreicht, deswegen finde ich das Angebot vom Ernährungsrat München so toll (https://muenchner-ernaehrungsrat.de): hier kann jeder Verbraucher selbst aktiv werden und sich einbringen. Das Angebot gibt es noch in vielen anderen Städten in Deutschland und das ist wichtig, denn jeder kann etwas tun, wenn er will und Zeit hat.

Themenfeld Energie

Allgemeine Einführung

Windenergiepark – mit welchen Energien wollen wir
unseren Lebensstandard erhalten?
(Foto: Pixabay)

Die Art und Weise, wie wir Energie erzeugen und
verbrauchen, hat erheblichen Einfluss auf
unseren ökologischen Fußabdruck. Die deutsche
Politik hat sich das Ziel gesetzt, den Anteil
erneuerbarer Energien in der Stromerzeugung
kontinuierlich zu erhöhen. Dazu wurden
verschiedene Instrumente wie das Erneuerbare-
Energien-Gesetz (EEG) eingeführt, das den
Ausbau erneuerbarer Energien durch finanzielle
Anreize fördert. Es wurden auch Förder-
programme aufgelegt, um Energieeffizienz in
Gebäuden zu verbessern und den Einsatz von

erneuerbaren Energien in der Wärmeversorgung zu erhöhen. Darüber hinaus wurden nationale Klimaschutzziele festgelegt, die den Ausstieg aus der Nutzung von fossilen Energieträgern und den verstärkten Einsatz von erneuerbaren Energien vorantreiben.

Stromanbieter wechseln
Uwe Reebs

Als wir vor zehn Jahren umgezogen sind, war klar, wir nehmen den Ökostromtarif der Münchener Stadtwerke. Das fühlte sich gut an, man war dann vor allem weg von Atomkraft und Kohle. An Gas und Putin dachten wir auf jeden Fall nicht. Beim Vergleich unserer CO_2-Fußabdrücke in unserem Klima-Kurs fiel mein „0"-Wert an dieser Stelle sofort auf. Ich war happy darüber, denn meine zwei Flüge nach Kanada zu meinem Bruder und nach Israel zu meiner Tochter hatten mir ansonsten meine Energiebilanz für das letzte Jahr recht verhagelt. Über 3,5 t CO_2-Ausstoß für zwei Flüge, ein Viertel meines gesamten CO_2-Verbrauches, das hatte mich geschockt. Gut, meinen Bruder hatte ich das letzte Mal vor 25 Jahren besucht, aber diesen Abstand kann ich mir im Kontakt mit meiner Tochter und ihrer jungen Familie nicht vorstellen. Da ist es umso wichtiger an anderer Stelle einzusparen.

Der nächste Frust folgte auf dem Fuß, als ich in der weiteren Diskussion erfuhr, dass der M-Ökostrom der Stadtwerke gar kein richtig grüner Strom ist, den sie selbst produzieren. Erst wollte ich das gar nicht glauben, doch im Kleingedruckten des Vertrags las ich dann: „Die SWM beschaffen eine der Strombezugsmenge entsprechende Menge von Grün-Strom-Zertifikaten …", sprich: die Stadtwerke München SWM kaufen sich damit quasi frei, um weiterhin im großen Stil fossile Energie einzusetzen.

Da passte es nun, dass ich im Kurs einen Flyer von „Wirklich Grün" (www.wirklich-gruen.de), einem gemeinnützigen Ökostromfinder, in die Hände bekam, der vom Umweltinstitut in München und Robin Wood unterstützt wird. Die Website listet eine Menge Ökostromanbieter auf, analysiert deren Energiemix und überprüft die Angaben.

Nachdem ich mir dort meinen neuen Stromanbieter herausgesucht und diesem gegenüber meinen Wechselwillen kundgetan hatte, ging alles Weitere automatisch und ich musste nur noch meinen Zählerstand zum Wechseltermin ablesen und an die Stadtwerke weitermelden.

Stromeinsparung um 10%?
Olaf Keser-Wagner

10% hört sich erstmal nicht viel an. Das muss doch machbar sein – denke ich mir, als die Zahl im Raum steht. Fünf Wochen dauert es bis zum nächsten Termin. Also an die Arbeit:

Mit dem wohnungseigenen Stromzähler kann zumindest eine grobe Erfassung des Verbrauchs vorgenommen werden. Für die Detailerfassung eignen sich besser Zähler, die in die Steckdose zwischen Verbrauchsgerät und Stromzufuhr geschaltet werden. (Foto: Pixabay)

Erster Schritt: Überhaupt erstmal erfassen, wieviel unser Haushalt in einer Woche an Strom benötigt. Zählerstand also gleich am Abend noch ablesen und für eine Woche später einen Wecker stellen, der mich ans Ablesen erinnert.

Unser Ergebnis in einem Reihenmittelhaus, 2 Erwachsene, 1,5 Kinder, Mai-Juni: 55 KWh in einer

Woche. Das bedeutet: In der kommenden Woche will ich 49,5 KWh verbrauchen.

Wir besprechen: Spülmaschine nur noch im Öko-Programm (läuft länger, soll aber Strom sparen). Lichter immer sofort wieder ausstellen. Beim Kochen Deckel auf die Töpfe, beim Verlassen des Hauses nochmal checken, ob alles aus ist. Standby-Modus vom PC abschalten und stattdessen wirklich ausschalten. Bei kurzen Pausen in den Ruhemodus umschalten ... Die Liste ließe sich noch verlängern.

Nach einer Woche die Ernüchterung. Wir haben statt 5,5 nur 4,5 KWh eingespart. Und auch die Überraschung, wie lange ich selbst brauche, um mich wirklich hartnäckig daran zu halten.

In der nächsten Woche halte ich mich noch strikter an das Vorgenommene. Ich koche noch bewusster, frage mich, ob es gerade die Mikrowelle oder den Herd braucht, verzichte auf eine zweite aufgewärmte Mahlzeit. Den Kühlschrank mache ich bewusst nur ganz kurz auf, um genau das herauszuholen, was ich brauche. Nach dem Einkaufen stelle ich alle Kühlschrankprodukte bereit fürs Einräumen. Wir sortieren unseren Kühlschrank in dieser Zeit auch nochmal durch. Ein gutes Gefühl ...

Vor unserem Urlaub, der auch in die Zeit fällt, ist es uns gelungen, den Verbrauch auf durchschnittlich 45 KWh zu senken. Allerdings fiel in die Zeit auch eine längere Abwesenheit meiner Frau, was für den Rest der Familie eine andere Abendgestaltung zur Folge hatte. Ich bin tatsächlich früher ins Bett gegangen.

Insgesamt ist mein Fazit: Die 10 Prozent sind nicht so leicht zu erreichen, wenn man ohnehin schon an vielen Stellen darauf achtet, was eingespart werden kann. Der Kurs und das, was ich mir vorgenommen habe, haben mir geholfen, besser in die Umsetzung zu kommen.

Und was nimmst du dir vor?

Themenfeld Verkehr

Allgemeine Einleitung

Ein Lastenfahrrad mit e-Antrieb. Gefördert von der Stadt
München, mit Begeisterung Probe gefahren.
(Foto: O. Keser-Wagner)

Der Verkehrssektor trägt erheblich zur CO_2-
Emission und Luftverschmutzung bei. Die
deutsche Politik hat erkannt, dass eine
nachhaltige Verkehrswende notwendig ist, um
den Klimaschutz voranzutreiben. Dazu gehören
die Förderung des Ausbaus von öffentlichen
Verkehrsmitteln, der Ausbau der Ladeinfra-
struktur für Elektrofahrzeuge und die Einführung
von Maßnahmen zur Verkehrsvermeidung und -
lenkung. Zudem wurden steuerliche Anreize
geschaffen, um den Kauf von umwelt-

freundlichen Fahrzeugen zu fördern. Die Politik setzt auch auf den Ausbau von Fahrradinfrastruktur und die Förderung von Fahrradnutzung als umweltfreundliche Alternative zum Auto.

Die Bahn hat Verspätung

Olaf Keser-Wagner

Wir kennen es alle – und es nimmt gefühlt auch von Jahr zu Jahr zu: Die Bahn hat Verspätung. Wer wie ich viel mit dem Zug unterwegs ist, hat inzwischen Erfahrung, wie er sich informiert und auf alternative Verbindungen zurückgreift, wenn sich eine Verspätung bereits ankündigt. Im Gespräch mit anderen Leidtragenden im Zug pflege ich immer zu sagen „man braucht inzwischen einen Führerschein für die Nutzung von öffentlichen Verkehrsmitteln".

Dennoch: Ich bin der festen Überzeugung, dass jeder Kilometer, der mit der Bahn zurückgelegt wird, zum klimafreundlichen Leben beiträgt. Da ich häufig Leidtragender von Verspätungen bin, habe ich mir folgendes vorgenommen:

Zuganzeige mit mehreren Verspätungen
(Foto: O. Keser-Wagner)

Wenn ich im Zug Verspätung habe, schreibe ich dazu einen positiven Beitrag in meinem Instagram-Kanal, um damit nach wie vor für die Bahn zu werben.

Meine Erkenntnisse und Erfahrungen durch diesen Perspektivwechsel:

Bei 3h Verspätung (mit dem Zug von München nach Karlsruhe, Oberleitungsschaden und Weichenstörung) kostet es mich auch nach wie vor Nerven. Aber es haben sich dank dem großen Chaos spannende Gespräche entwickelt mit vollkommen unbekannten Mitreisenden. Geteiltes Leid ist halbes Leid – und die Lust, mit anderen Menschen in Kontakt zu kommen und sich mit ihnen über alles Mögliche auszutauschen, ist dankenswerterweise auch recht groß bei mir.

Verkehr

So hatte ich angenehme und anregende Gespräche mit einer Denkmalpflegerin und zwei Studentinnen.

Oder auf der letzten Etappe von Frankfurt nach München. Zwischen Ingolstadt und München darf der ICE nochmal 300 km/h fahren. Plötzlich bremst er ab. Die Durchsage „Personen im Gleisbett – daher muss der Lokführer auf Sicht fahren" macht deutlich: schon ein Einzelner kann zu massiven Verkehrsstörungen beitragen (und ich meine hier nicht den Lokführer). Ich sitze also mit meinem Noise-Cancelled-Kopfhörer im Zug und schaue aus dem Fenster und die Frau mir gegenüber an. Sie trägt In-Ear-Kopfhörer und schaut offensichtlich einen lustigen Film. Das Lächeln aus ihrem Gesicht erfreut mich. Auch als sie später an ihrem Laptop noch etwas erledigt, verliert sie ihre gute Laune nicht. Die Verspätung von 30 Minuten lassen mich 30 Minuten mehr gute Laune erleben. Und das tat recht gut. Denn ich habe das Hörbuch von Marc Elsberg „Celsius" gehört (ein faszinierender und erschreckender Thriller zur Klimakatastrophe).

In diesem Sinne wünsche ich den LeserInnen ebenfalls jede Menge von positiven Gesprächen, Beobachtungen, Erfahrungen, wenn die Verspätung der Bahn euch mal etwas mehr Zeit schenkt.

Politische Entscheidung Individualverkehr

Angela Kraus

Alle TeilnehmerInnen unserer „Klimafreundlich Leben Gruppe" sind der Meinung, dass ein Tempolimit auf allen bundesdeutschen Autobahnen zeitnah eingeführt werden sollte. Dies gebietet die Vernunft aus folgenden plausiblen Gründen: Der Bereich Verkehr hinkt den beschlossenen CO_2-Einsparungen deutlich hinterher, deshalb kommt es auf jede eingesparte Tonne CO_2 an. Vor allem der Individualverkehr (wir Autofahrer) kann schnell handeln und durch weniger und langsameres Autofahren die Emissionen reduzieren. Außerdem ist unstrittig, dass die Unfallgefahr dadurch sinkt und weniger Verkehrstote zu beklagen sind. Ich verstehe nicht, warum einem Teil der Bevölkerung das Recht auf vermeintlich „sportliches" Fahren auf öffentlichem Verkehrsgrund eingeräumt wird! Ein schnell wirksames Instrument zum Einsparen von Energie und Feinstaub-Emissionen bleibt bedauerlicherweise ungenutzt. Bis die Infrastruktur für einen reibungslos funktionierenden öffentlichen Personennah- und fernverkehr vorhanden ist, wird es noch lange dauern. Daher befürchte ich, dass v.a. im Fernverkehr nicht schnell genug auf die Automobilität in ausreichendem Umfang verzichtet wird und die Schadstoff-Emissionen im Verkehr weiter ansteigen werden. Vor diesem Hintergrund ist es meiner Meinung nach jedem zumutbar eine maximale Geschwindigkeit von 120 km/h auf Autobahnen einzuhalten.

Tempolimit 100 in den Niederlanden
Evelyn Gora

In den Niederlanden wurden 2020 die Grenzwerte für Stickstoff überschritten, deswegen wurden Bauprojekte gestoppt. Mit Tempo 100 (davor 130) wurden Emissionen kompensiert, obwohl nur 46% der Bevölkerung mit Tempo 100 einverstanden war. 2022 hätte man dann das Tempolimit wieder anheben können. Die Akzeptanz war aber inzwischen bei über 60% und das Tempolimit ist geblieben.

Fazit: wir tun uns oft schwer mit Veränderungen, sind aber erstaunlich lernfähig. In Deutschland waren die Erfahrungen mit dem Rauchverbot ähnlich. Verbote können uns manchmal helfen, eine neue Sicht auf die alten Gewohnheiten zu werfen (https://kurzelinks.de/TL100).

Laut ADAC befürwortet inzwischen auch in Deutschland die Mehrheit ein Tempolimit (https://kurzelinks.de/TL101).

Ich habe seit einigen Jahren kein Auto, fahre im Alltag mit Fahrrad und öffentlichen Verkehrsmitteln. Auch als Radfahrerin habe ich ein Interesse daran, dass Autos langsamer fahren. Vor allem wünsche ich mir aber weniger Autos und mehr Platz für breite, sichere Radwege. Deswegen werde ich im Sommer nach Holland fahren, mich von einem fahrradfreundlichen Land inspirieren lassen.

Ein Video dazu (https://kurzelinks.de/NLVelo) inspiriert vielleicht auch dich?

Meine Erfahrung mit dem Tempolimit
Claudia Wagner

Unter der Rubrik "Da mache ich auch mit" habe ich mich zu dem freiwilligen Tempolimit von 120 km/h entschlossen. Mir war erstmal nicht bewusst, wie viele positive Nebeneffekte sich damit noch einstellen. Im Gespräch mit meiner Tochter habe ich herausgefunden, dass es klimatechnisch einen großen Unterschied macht, ob wir 120 oder 130 km/h fahren. (130 km/h wäre mir anfangs lieber gewesen). Aufgrund der Recherchen habe ich dann wirklich konsequent 120 km/h auf Autobahnen umgesetzt. Nach kurzer Zeit fiel es mir nicht mehr schwer, dies einzuhalten.

Verkehr

Stau in der Stadt. Überhöhte Geschwindigkeit auf den Autobahnen... (Foto: Pixabay)

Darüber hinaus habe ich festgestellt, dass das Fahren für mich deutlich entspannter war. Manch hitzige Diskussion über Abstände und Überholmanöver blieben aus. Anstelle dessen war Platz für nette Gespräche.

Wenn ich schneller fahre, spare ich Zeit. Aber mit der eingesparten Zeit stelle ich nicht unbedingt etwas Sinnvolleres an. Diese Erkenntnis führt mich zu der Frage, an welcher Stelle ich eigentlich Dinge tue, die keinen wirklichen Nutzen haben, aber nicht nachhaltig sind oder sogar Schaden anrichten.

Themenfeld Konsum

Allgemeine Einführung

Brauchen wir wirklich alles, was in unserem Einkaufswagen landet? (Foto: Pixabay)

Durch bewussten Konsum können wir Ressourcen schonen, Abfälle reduzieren und die Umweltbelastung verringern. Die deutsche Politik hat verschiedene Ansätze entwickelt, um nachhaltigen Konsum zu fördern. Dazu gehört beispielsweise die Einführung von Labels und Zertifizierungen für umwe tfreundliche Produkte, um Verbrauchern eine bessere Orientierung zu ermöglichen. Darüber hinaus wurden Gesetze und Verordnungen erlassen, die den Einsatz schädlicher Chemikalien in Produkten begrenzen und die Kreislaufwirtschaft fördern. Die

Konsum

Förderung von Reparatur- und Sharing-Initiativen sowie die Einführung von Mehrwegsystemen sind weitere Maßnahmen, die darauf abzielen, den nachhaltigen Konsum zu stärken.

Qualität und Quantität im Konsum
Gabi Köhne-Volland

In unserer heutigen Gesellschaft wird Konsum oft als Symbol für Wohlstand und Glück angesehen. Doch immer mehr Menschen erkennen die negativen Auswirkungen unseres übermäßigen Konsumverhaltens auf Umwelt und Klima. Konsumverzicht ist zu einer dringenden Notwendigkeit geworden, um die Ressourcen unseres Planeten zu schützen und eine nachhaltige Zukunft zu schaffen. In diesem Beitrag will ich untersuchen, wie Konsumverzicht nicht nur dem Umweltschutz dient, sondern auch eine Quelle der Freude sein kann.

Im KFL-Kurs geht es darum, Gewohnheiten zu verändern. Viele Dinge im Alltag passieren unbewusst. Wir kaufen in bestimmten Läden, bestimmte Marken, immer am gleichen Gemüsestand auf dem Markt …

Während des Kurses diskutierten wir in der Gruppe u.a. darüber, welche Verhaltensweisen wir im Alltag verändern können, um umweltfreundlicher zu leben. Das folgende

Beispiel gibt einen guten Eindruck: Jeder von uns kann seinen Plastikabfall reduzieren, indem er beim Einkauf auf weniger Verpackung achtet. Um dieses Ziel anzugehen, nehmen sich einige aus der Gruppe vor, vier Wochen lang ganz auf Plastikverpackungen zu verzichten. Das Kaufverhalten verändert sich, es werden Geschäfte entdeckt, in denen unverpackt eingekauft werden kann, es werden mehr frische Lebensmittel auf dem Markt eingekauft und damit gesünder gekocht, manche Dinge werden gar nicht mehr eingekauft, weil sie nicht mehr notwendig sind. Der Blick auf unseren Konsum verändert sich, nach vier Wochen beginnt ein Umdenken, was wir vier Wochen schaffen durchzuhalten, kann auch länger durchgehalten werden. Dies lässt sich auf alles übertragen, so werden wir auch zum Bestimmer und zur Bestimmerin unseres Handelns.

„Klimafreundlich leben" hat viel mit Konsum zu tun.

* Was und wieviel konsumieren wir, in welcher Qualität und Quantität?
* Wie oft fahre ich in den Urlaub und wie komme ich ans Urlaubsziel?
* Wie viele T-Shirts kaufe ich im Jahr und wie nachhaltig sind diese produziert worden?
* ...

Die Liste ließe sich beliebig fortsetzen.

Moderne Gesellschaften sind von einem starken Konsum geprägt und werden deshalb in diesem Kontext nicht zu Unrecht als Konsumgesellschaften bezeichnet. In einer Konsumgesellschaft liegt der Fokus auf dem Erwerb und der Nutzung materieller Güter und Dienstleistungen, um den individuellen Wohlstand und sozialen Status zu verbessern oder das individuelle Glück zu steigern.

Und so sind wir in unserer heutigen Zeit ständig umgeben von Werbung und Konsumangeboten. Es wird uns unaufhörlich vermittelt: Mehr ist mehr, mehr Konsum ist mehr Glück und noch mehr Konsum ist noch mehr Glück, ohne Konsum kein Glück. In manchen Momenten ahnen aber viele von uns ganz leise, dass das Streben nach materiellem Besitz und unmittelbarer Befriedigung von Bedürfnissen oft nicht das wahre Glück bringt, nach dem wir uns sehnen.

Die Versprechen der Konsumgesellschaft erzeugen sehr oft kein nachhaltiges Glück, da sie auf einem kontinuierlichen Kreislauf des Konsumierens basieren, bei dem die Befriedigung von Bedürfnissen und Wünschen durch den Erwerb neuer Produkte angestrebt wird. Das Glück, das aus dem Kauf neuer Produkte oder dem Konsum einer Dienstleistung resultiert, ist oft nur von kurzer Dauer und wird schnell von einem erneuten Konsum und dem Versprechen nach erneutem Glück abgelöst. Dies führt zu einem ständigen Streben nach mehr Konsum, um das Gefühl des Glücks aufrechtzuerhalten, was letztendlich zu einer nie endenden Suche nach Befriedigung führt.

Wer kennt das nicht von sich oder beobachtet es bei Mitmenschen:

* Das neueste, teure Handy erzeugt für kurze Zeit ein super gutes Gefühl, doch schon in wenigen Monaten gibt es neuere und bessere - und das unterschwellige Bedürfnis steigt auf: „Das will ich auch haben".

* Wir essen immer weiter, noch eine Gabel fürs Glück und noch eine, obwohl wir eigentlich schon satt sind – und schlafen hinterher schlecht, weil der „Ranzen spannt". Kein nachhaltiges Glück.

Der so immer weiter gesteigerte Konsum hat selbstredend erhebliche Auswirkungen auf die Umwelt, er führt zu einem enormen Verbrauch natürlicher Ressourcen wie Energie, Wasser, Land und Rohstoffen. Die Herstellung, der Transport und die Entsorgung von Produkten verursachen Treibhausgasemissionen, Luftverschmutzung, Wasserverschmutzung, Abfallprobleme, soziale Ungerechtigkeit bei uns und global.

Konsum

Und nicht zuletzt müssen wir für dieses Konsumverhalten viel Geld aufwenden und folglich viel arbeiten. Wie viele „Extraschichten" könnten wir uns im Job ersparen, wenn wir nur so viel essen würden, wie es uns guttut, wenn wir statt alle zwei nur alle drei Jahre ein neues Handy kaufen würden, wenn wir mal eine Modewelle (die es ja nur zur Konsumsteigerung gibt) auslassen würden?

Angesichts der offensichtlichen Probleme, die die Konsumgesellschaft mit sich bringt, haben Menschen begonnen, eine Reduktion des eigenen Konsums als Alternative zu betrachten. Es gibt verschiedene Beweggründe, die zu diesem Umdenken führen:

* **Nachhaltigkeit und Umweltschutz:** Die Reduktion des Konsums verringert den Bedarf an ressourcenintensiven Produkten und reduziert so den ökologischen Fußabdruck. Durch die bewusste Entscheidung, weniger zu konsumieren, können Einzelpersonen einen positiven Beitrag zum Umweltschutz leisten.

* **Vereinfachung des Lebens:** Ein reduzierter Konsum führt oft zu einer Entschleunigung des Lebens. Durch den Verzicht auf unnötige Dinge kann mehr Zeit und Energie für die wirklich wichtigen Dinge im Leben freigesetzt werden.

* **Soziale Gerechtigkeit:** Die Konsumgesellschaft führt zu sozialer Ungleichheit, da nicht alle Menschen gleichermaßen Zugang zu Konsumgütern und Dienstleistungen haben. Reduzierter Konsum kann dazu beitragen, diese Ungleichheit zu verringern und die Ressourcen gerechter zu verteilen.

Eine bewusste Reduktion des Konsums kann positive Auswirkungen auf individueller und gesellschaftlicher Ebene haben:

* **Persönliches Wohlbefinden:** Indem man sich auf das Wesentliche konzentriert und bewusst auf Konsum verzichtet, können individuelle Zufriedenheit, Achtsamkeit und Glück gefördert werden. Schon die Philosophen und Weisheitslehrer der Antike in Ost und West haben gelehrt, dass nachhaltiges Glück nicht durch den Besitz materieller Güter erreicht wird, sondern durch innere Erfüllung und zwischenmenschliche Beziehungen. Und das Leben Jesu durchzieht diese Maxime wie ein roter Faden.

* **Gemeinschaftsstärkung:** Reduzierter Konsum kann zu einer verstärkten Gemeinschaftsbildung führen. Menschen, die ähnliche Werte teilen und auf nachhaltigen Konsum setzen, können sich zusammenschließen, um gemeinsame Ziele zu er-

reichen, wie beispielsweise das Teilen von Ressourcen (z.B. Fahrzeuge, Geräte) oder die Unterstützung lokaler Produzenten.

Fazit: Die Konsumgesellschaft hat zu einer Reihe von Problemen geführt, die sowohl die Umwelt als auch das persönliche Wohlbefinden beeinträchtigen. Eine Reduktion des Konsums bietet eine Alternative, die auf Nachhaltigkeit, Freude, Zufriedenheit und der Suche nach dem wahren Glück basiert. Indem wir bewusst entscheiden, weniger zu konsumieren und unsere Bedürfnisse neu zu bewerten, können wir individuell und kollektiv positive Veränderungen bewirken. Es ist an der Zeit, die Fixierung auf Konsum und den materiellen Besitz zur Erreichung von Glück zu überdenken und eine Gesellschaft aufzubauen, die auf den Werten der Nachhaltigkeit, des Gemeinwohls und der inneren Erfüllung basiert.

Es ist eine breite, offene gesellschaftliche Diskussion zum Umdenken in unserem Konsumverhalten erforderlich. Denn die meisten Menschen werden diesen Weg nur dann mitgehen, wenn nicht Konsumverbote und -verzicht im Vordergrund stehen, sondern überzeugend vermittelt wird, dass „weniger ist mehr" funktioniert – weniger Konsum kann nachhaltiger glücklich machen.

Plastikreduziert einkaufen
Claudia Wagner

Ob im Gelben Sack oder im Wertstoffcontainer: Viel zu viel Plastik wird benötigt, um unsere Alltagsprodukte zu verpacken. (Foto: Pixabay)

Mein Vorhaben, plastikfrei einzukaufen, stellt leider im Alltag für mich mit meinen Gewohnheiten eine große Herausforderung dar. Das macht mich oft traurig. Trotzdem bleibe ich durch das Wissen, dass sich auch noch neun andere TeilnehmerInnen des Kurses dieser Herausforderung stellen, leichter an diesem Vorhaben dran. Ich merke, wie sich allmählich Gewohnheiten verändern.

Selbstgemachter Brotaufstrich – einfach, schnell und lecker
(Foto: Pixabay)

Ich suche mir Supermärkte mit einer Frischetheke, gehe häufiger zum Markt oder kaufe andere Produkte, die nicht so aufwändig verpackt sind. Dadurch, dass ich selbst gerne koche, habe ich mir angewöhnt, zum Beispiel vegane oder vegetarische Brotaufstriche selbst herzustellen, Gemüse in größeren Mengen zu kaufen und vorzukochen.

Verzicht – Ein großes Vorhaben?
Ulrike Parusel

„Sonstiger Konsum"– der Bereich war schon ganz am Anfang bei der Berechnung des CO_2-Fußabdrucks der Kniffligste und mit 30 % der Größte! Also gemeint ist alles, wofür ich Geld ausgebe außer Lebensmittel, Mobilität und

Wohnen. Das hat mich sehr überrascht. Ich kaufe doch kaum was? Ich bin mit meinen 155 cm einfach zu klein für diese (Mode-)Welt und trage meine Sachen, wenn ich mal was Passendes gefunden habe, bis sie nicht mal mehr als Gartenklamotten durchgehen. Ich hasse Schuhe kaufen und mache mir lieber beim Schuster neue Sohlen drauf. Ich habe kein ressourcen-verbrauchendes Hobby wie z.B. Golfen, Skifahren oder Surfen. Ich bleibe meinen Elektrogeräten, Handys und Laptops treu, bis sie nach Jahren bei wichtigen Funktionen oder gänzlich den Geist aufgeben ... und trotzdem? Wie siehts denn bei den Kindern aus und bei meinem Mann? Mein Mann ist wie ich. Die Klamotten der Kinder sind fast vollständig perfekte Kreislaufwirtschaft – die nächsten Größen kommen meist von Cousinen und Cousins, Ausgemustertes wird an Freunde weitergegeben, Kaputtes wird zum Fettlappen in der Küche oder als Putzlappen für Schuhe und Fahrräder. Aber wo lüge ich mir dann selbst in die Tasche? Na ja, wenn ich ehrlich bin, kaufe ich Leggings für die Tochter, Kinder-Unterwäsche, Socken und gelegentlich auch Shirts oder andere Klamotten aus Faulheit beispielsweise beim Kik oder auch mal im Vorbeigehen bei Lidl, Aldi oder Tchibo. In meinen Augen nicht unbedingt ökologisch und/oder sozial, aber in der Nähe und praktisch.

Aber wo kauft man nachhaltige Kleidung am besten? Nicht so einfach. Also ist mein Ziel, herauszufinden was der nachhaltigste Stoff ist und wo ich nachhaltige Kleidung in München am klimafreundlichsten kaufen kann. Trage ich wirklich alle Kleidungsstücke gern und lange oder lagern da doch noch welche, die nicht mehr passen oder doch nicht so gut gefallen?

Also gleich noch ein Ziel: Ausmisten und zum Second-Hand geben. Und ehrlich gesagt habe ich schon meine Lieblingsläden, bei denen ich gute Chancen habe, dass was passt. Brauche ich wirklich alles, was ich da kaufe? Sind alle Schulhefte, Stifte, Druckerpapier recycelt oder nachhaltig? Papier ist einfacher als Stifte. Also da könnte ich mehr Nachfüllpatronen kaufen und Buntstifte ohne Farbummantelung. Wenn ich in der Drogerie einkaufe, freue ich mich immer, wie stark sich das Sortiment an nachhaltigen, recycelten und plastikfreien Produkten, wie z.B. festen Shampoos und Öko-Zahnbürsten vergrößert. Dann habe ich das Gefühl, ich bin nicht alleine „Gutmensch", und das ist sehr angenehm. Aber zurück zum Reduzieren. Welche Bereiche gibt es noch? Essen gehen. Wir gehen gerne essen als Familie. Eine Angewohnheit aus der Zeit in Berlin, bevor wir 2017/18 nach München gezogen sind. Dafür bestellen wir kaum und wenn, lassen wir es nicht liefern, sondern holen, wenn möglich, mit eigenen Gefäßen und mit dem Fahrrad ab. Will ich das reduzieren? Macht meine Familie mit? Beides nein. Ich will, dass die Restaurants und das Café und der Biergarten in der Umgebung überleben, dass mein „Kiez" keine reine Schlafstadt wird. Wofür gebe ich sonst noch Geld aus? Ab und zu Kino, sehr selten Konzert. Auch das will ich aus soziokulturellen und natürlich auch persönlichen Gründen nicht aufgeben. Hm, was bleibt? Urlaub machen wir in Zug- oder Autoreichweite und eigentlich immer in Ferienwohnungen, also klimafreundlicher als Hotel. Geflogen sind wir aus Klimaschutzgründen schon lange nicht mehr... Während ich so vor mich hinschreibe, fallen mir viele kleine Dinge auf, die ich noch ein bisschen optimieren kann und mich packt ein sportlicher Ehrgeiz – wo geht noch was? Was geht noch mehr? Und ich werde immer entschlossener, ein Experiment zu starten: ein Jahr lang nichts (Neues) zum Anziehen für mich kaufen. Ich glaube, ich bin gut ausgestattet und bekomme das hin. Ich bin mal gespannt, ob ich mich beim Rebound-Effekt ertappe, dass ich plötzlich viel mehr Sachen für die Kinder oder den Haushalt oder im Second-Hand kaufe oder weitet es sich aus und ich konsumiere in anderen Bereichen auch weniger? Es ist wie ein Spiel und ich werde auf jeden Fall überrascht sein und etwas lernen – über mich, über Konsum, über Minimalismus.

Kreislaufschrank
Uwe Reebs

Auf der jeweils im Januar stattfindenden Münchner Freiwilligenmesse bin ich auf ein Infoblatt zum Thema Kreislaufschrank gestoßen. Das hat mich sofort angesprochen. Das Prinzip kannte ich auch, denn hier in Pasing-Obermenzing gibt es bereits zwei Bücherschränke, die wir regelmäßig nutzen. Man stellt etwas, das man nicht mehr nutzen will, in den öffentlich zugänglichen „Schrank" ein. So kann es jeder, der es gebrauchen kann, dort entnehmen und einem weiteren „Leben" zuführen.

Beispiel Kreislaufschrank aus einer alten Telefonzelle
(Foto: Pixabay)

Bei einem Kreislaufschrank sind es nicht unbedingt Bücher, sondern alle möglichen Gebrauchsgegenstände des Alltags. Daher benötigt ein solcher Schrank auch sehr viel mehr Platz.

Ich konnte Mitglieder unserer Gruppe, die gleichzeitig auch im Arbeitskreis (AK) Umwelt der Pfarrgemeinde aktiv sind, motivieren, das Thema Kreislaufschrank in Obermenzing dort einzubringen und zu unterstützen. Gleichzeitig habe ich mich als Koordinator für das Projekt angeboten.

Die ersten Schritte haben geklappt. Der AK Umwelt unterstützt das Projekt und vier seiner Mitglieder bilden nun mit mir eine Arbeitsgruppe zur Umsetzung. Ziel ist es, auf dem Gelände der Pfarrei einen Kreislaufschrank zu installieren und eine Gruppe von PatInnen aufzubauen, die diesen Schrank dann im Alltag betreuen. Ein Kontakt mit dem Verein Kreislaufschrank München e.V. ist geknüpft und dieser wird uns mit seiner Expertise unter die Arme greifen.

Weitere UnterstützerInnen sind willkommen.

Auch nach dem Kurs geht´s weiter ... Bist du dabei? Dann melde dich doch beim Arbeitskreis Umwelt über das Pfarrbüro Leiden Christi.

Unsere Vorhaben und die Punkte…

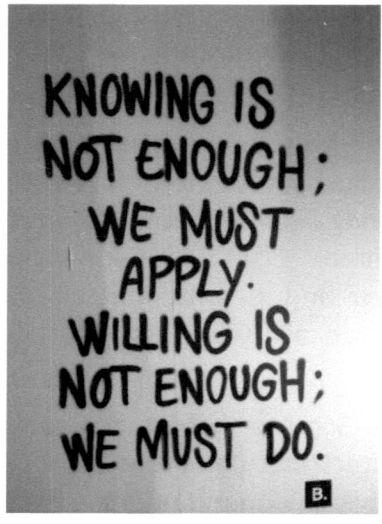

Wissen ist nicht genug, wir müssen es anwenden.
Wollen ist nicht genug, wir müssen es tun.
(Foto: O. Keser-Wagner)

In diesem Kapitel nennen wir die Vorhaben kurz, die während des Kurses in den jeweiligen Modulen bei uns gereift sind. Betrachte dieses Kapitel also als einen weiteren Ideenfund, womit du beginnen kannst.

Die Regel im Kurs war: Jeder nimmt sich ein bis zwei Vorhaben vor, die er oder sie noch nicht gemacht haben, um seinen CO_2-Abdruck zu verringern. „Ach ja, da mach ich auch mit…".

Dieser Gedanke kam uns häufiger, als wir die Vorhaben in unserer Gruppe besprachen. Mal ging es um das Abtauen eines Kühlschranks, mal um die Kündigung eines unnötigen Abos.

Im darauffolgenden Treffen wurde erzählt, was wir von unseren konkreten Vorhaben umgesetzt haben, was uns gehindert hat oder was wir vielleicht sogar auch noch zusätzlich gemacht haben.

Als wir über diese Abschlussarbeit sprachen, wurde uns deutlich: Ein Geheimnis dieses Kurses ist gewesen, dass wir uns gegenseitig inspirierten, dass wir uns Wertschätzung entgegenbrachten, auch wenn uns die Umsetzung nicht immer so gut gelungen ist. Wir alle haben gemerkt, wie wichtig politische Entscheidungen sind und dass sie den größten Hebel im Klimaschutz darstellen. Wir waren auch frustriert über das, was wir aus der Tagespresse an Ereignissen zusammentrugen. Aber wir konnten eben wertschätzen, was jeder von uns in seinem Rahmen gemacht hat. Kein noch so kleiner Schritt wurde abgemildert oder ins Lächerliche gezogen. Denn jede und jeder von uns hat seine ganz eigenen Voraussetzungen. In diesem Respekt voreinander schicken wir nun dich, lieber Leser, liebe Leserin, auf deine eigene Reise: Wir wünschen dir, dass du deine eigenen Schritte findest und so unsere gemeinsame Welt ein kleines Stückchen besser machen kannst.

Vorhaben

Und hier sind unsere Vorhaben aus den verschiedenen Treffen:

Vorhaben Ernährung

* Ich mache für 4 Wochen meinen Joghurt selber und besorge Rohmilch dazu beim Bauern in Glasflaschen.
* Ich kaufe in den nächsten 4 Wochen keinen verpackten Käse.
* Ich kaufe Käse-, Wurst- und Milchprodukte plastikfrei ein.
* Ich mache mir 4 Wochen Hafermilch selber und kaufe Hafer im Unverpacktladen und schrote es selber.
* Ich entwickle einen veganen Aufstrich selber, mit keinen verpackten Sachen drin.
* Ich esse morgens Nüsse zum Frühstück.
* Ich definiere genaue Essenszeiten, Mahlzeiten und halte mich daran (Verschwendung wird weniger)
* Ich esse keine Süßigkeiten (Schoko, Gummibärchen, Chips), trinke keinen Alkohol, esse kein Fleisch & keine Wurst.
* Ich lese ein Klimakochbuch und koche mindestens 1 Rezept/Woche.
* Ich reduziere den Verbrauch von Butter, Eiern und Käse im 4- Personenhaushalt auf 50% (und mache zuvor eine Woche lang eine Bestandsaufnahme des Verbrauchs).

Vorhaben Energie

∗ Ich schaffe die Gefriertruhe ab.

∗ Ich benutze die nächsten 4 Wochen den Wäschetrockner nicht.

∗ Ich taue unseren Kühlschrank ab.

∗ Ich trockne die Wäsche bei schönem Wetter im Garten.

∗ Ich reduziere unseren Stromverbrauch um 10% (Referenzwert erste Woche und danach).

∗ Ich reduziere meinen Stromverbrauch (z.B. Besen statt Staubsauger, Heizung aus, effizient kochen)

∗ Ich mache einen Aushang an der grünen Info-Tafel des AK Umwelt mit den Vorhaben hier.

∗ Ich gehe bewusst mit warmem Wasser um (Duschen – wie lange? Einweichen von Geschirr etc.)

∗ Ich schalte den Kellerkühlschrank ab und tausche alte Glühbirnen aus.

∗ Ich wechsle zu einem grünen Stromanbieter.

∗ Ich bringe im Keller einen Bewegungsmelder an.

∗ Ich bereite es vor, ein Balkon-Kraftwerk anzubringen und stifte meinen Nachbarn auch dazu an.

Vorhaben

Vorhaben Verkehr

* Ich schreibe einen Brief an die FDP und ans BMVI (mit Unterschriften der Gruppenmitglieder)
* Ich verzichte 4 Wochen aufs Auto, außer beim Umzug der Oma
* Ich bringe die Kinder mit dem Rad zu Fußball bzw. Flöte
* Ich recherchiere ein E-Bike mit Kindersitzen (hinten)
* Ich tätige die nächsten 4 Wochen alle Einkäufe ohne Auto sowie alle Fahrten hier in Menzing
* Wir machen Wochenendausflüge die nächsten 4 Wochen mit S-Bahn oder Fahrrad
* Ich präge mir mindesten 5 Informationen zu Mobilität ein, die ich in Diskussionen verwenden kann
* Ich recherchiere zur Produktion von E-Autos vs. Verbrenner-Fahrzeugen und trage es der Gruppe vor
* Ich fahre die nächsten 4 Wochen entweder mit dem Rad oder öffentlich zur Arbeit
* Immer wenn ich geschäftlich mit der Bahn fahre, poste ich danach was zu den Vorteilen des Bahnfahrens
* Ich fahre auf der Autobahn nicht schneller als 120 km/h

* Ich nehme für das Mama-Taxi das Fahrrad für die nächsten 4 Wochen
* Ich recherchiere zum Thema Car-Sharing im nachbarschaftlichen Bereich (wie kann man sich ein Auto teilen?)

Vorhaben Konsum

* Ich suche und finde einen gebrauchten Gartentisch
* Ich mache aus alten Hemden Schlafanzüge oder Gemüsebeutel
* Ich liste auf, wofür ich Geld ausgebe (und werde überlegen, was ich brauche)
* Ich mache aus alten Klamotten Lappen (z.B. für Fett in der Küche)
* Ich kaufe keine Produkte außer Lebensmitteln und Klopapier bis zum nächsten Treffen
* Ich durchforste meine Schränke und bringe die Sachen zu Oxfam oder zu "Tauschen statt Kaufen"
* Ich miste den Keller aus und gucke, was noch benutzbar ist oder jemand anders benutzen kann
* Ich inventarisiere / sortiere meine Werkstatt 4 h, so dass klar ist, was ich mit den Sachen machen kann
* Ich kündige meinen Amazon Prime Account

Vorhaben

* Ich bestelle nicht bei Amazon und reduziere insgesamt meinen Konsum
* Ich schaue in den nächsten 4 Wochen, ob man hier einen Kreislaufschrank installieren kann
* Am Ende des Kurses haben wir einen gemeinsamen Rückblick durchgeführt. Was hat sich für uns jeweils verändert? Wie fühlt es sich an? Was ist konkret geschehen?

Schriftzug in München (Foto: O. Keser-Wagner)

Mit diesen – und weiteren Fragen – endete die Reise. Gleichzeitig beginnt etwas Neues: Wir haben zusammengetragen, dass vieles uns bereits bekannt war, dass wir auch schon vieles gemacht hatten und dass wir oft unsere Komfortzone nicht verlassen mussten, um ein Stückchen mehr klimafreundlich zu leben.

Kann ich den Kurs empfehlen?

Oberflächlich erscheint mir das Ergebnis im Verhältnis zu dem, was für die Einhaltung der 1,5-Grad Ziele notwendig ist, äußerst gering. Aber es stimmt mich durchaus positiv und ich spüre, dass sich etwas anderes verändert hat: Ich habe mehr

Rückblick

Rückhalt in meiner Argumentation und in meiner Überzeugung bekommen. Ich habe das Gefühl, ich bin nicht alleine mit meinen Schritten. Auch ich bin unzufrieden mit meinem persönlichen Ergebnis, merke aber, dass die Bereitschaft zu Verzichten deutlich größer geworden ist und der für uns alle notwendige Schritt aus der eigenen Komfortzone herauszutreten, um größeren Einfluss zu bekommen, leichter wird.

Ich glaube nicht, dass wir durch Diskussionen darüber, wer Recht hat, oder welche Daten nun richtiger sind, weiterkommen. Es geht vielmehr darum, jenseits der verschiedenen Ansichten etwas zu wecken, was ich hier gerne mit „Einsicht" beschreiben mag: Einsicht in mich selbst, in die größte Hürde bei all der notwendigen Veränderung: meinen inneren Schweinehund, meine Komfortzone und die Versuchungen aus der Konsumwelt. Antoine de Saint-Exupéry wird das folgende Zitat zugeschrieben:

„Wenn Du ein Schiff bauen willst, dann trommle nicht Männer zusammen, um Holz zu beschaffen, Aufgaben zu vergeben und die Arbeit einzuteilen, sondern lehre die Männer die Sehnsucht nach dem weiten, endlosen Meer."

Angepasst an das Ziel, klimafreundlich zu leben, bedeutet dies: Wenn Du die Klimaziele in kleinen Schritten erreichen willst, dann argumentiere nicht zu viel mit Zahlen, Daten und Fakten, übe keinen Druck aus, wer bis wann etwas machen muss, sondern lehre die Teilnehmenden bewußt zu hinterfragen und wertschätze jeden einzelnen ihrer Schritte. Das ist den beiden ModeratorInnen hervorragend gelungen. Herzlichen Dank dafür!

Olaf Keser-Wagner

Gemeinsam mit kleinen Schritten vorwärts kommen …

Vor jedem neuen Klimafreundlich-Leben-Kurs ist die Neugier als KursleiterIn groß: Auf was für Menschen werden wir da treffen, die ihre persönlichen CO_2-Emissionen mit konkreten Vorhaben reduzieren und ihren Handabdruck vergrößern wollen? Wird aus den Einzelnen im Laufe der Zeit eine Gruppe?

Was wir im Pfarrverband Menzing erlebten, waren Menschen, die sich gegenseitig (und uns!) inspirierten und motivierten, die sich wohlwollend auch bei kleinen Schritten unterstützten und so zu einer Gemeinschaft zusammenwuchsen, die sicherlich, hoffentlich überdauert.

Was diese Gruppe so ganz besonders machte, war das gegenseitige Anspornen. Statt zwei Aufgaben, die pro Abend pro TeilnehmerIn normalerweise vorgesehen sind, ging so manch eine Person mit drei, vier oder gar mehr Aufgaben nach Hause. Das „Ich mach da auch mit" flog an jedem Kursabend so wild durch den Raum hin und her, dass, wie bei einem dieser Fadenbilder, ein dichtes Netz an Interaktionen entstand, sich neue Verbindungen und gar Freundschaften ergaben.

Und was sagen unsere KursleiterInnen dazu?

Alle TeilnehmerInnen hatten von einem Treffen zum nächsten eine selbstgewählte Aufgabe zu lösen. Die Bandbreite war enorm. Und so stieg manch eineR aufs Rad um – egal bei welchem Wetter – und überzeugte auch KollegInnen davon, reduzierte den Stromverbrauch im Haushalt um 10 %, führte ein eigenes Tempolimit ein, schrieb einen Brief ans Verkehrsministerium, warb in sozialen Medien fürs Bahnfahren, ging unverpackt einkaufen, wechselte den Stromanbieter, informierte sich zu einer PV-Anlage, verzichtete auf neue Kleidung fürs ganze Jahr ... um nur eine kleine Auswahl zu nennen. Und immer wieder gab es TeilnehmerInnen, die neue „Klimahacks" einbrachten.

Am Ende stand die Gruppe noch vor der Herausforderung, sich gemeinsam eine Gruppen-aufgabe zu überlegen und diese umzusetzen. Wir staunten nicht schlecht, als uns eine Buchidee präsentiert wurde, zu deren Umsetzung wir nun mit diesem Text etwas beitragen dürfen. In der letzten Sitzung ergab sich zufällig dann noch die Gruppenidee eines „Kreislaufschranks", was einmal mehr die besondere Gruppendynamik und das tolle Miteinander in dieser Gruppe unterstreicht.

In der Abschlussreflektion gefragt, was sich in den vorhergehenden sechs Monaten bei ihnen selbst verändert hat, kamen Dinge wie:

Und was sagen unsere KursleiterInnen dazu?

* Das Bewusstsein, die Achtsamkeit dem eigenen Handeln gegenüber („eine Plastikverpackung aufzumachen, ist jetzt ganz schön schwer"; „schneller als 120 auf der Autobahn zu fahren, geht nicht mehr")
* Sich nicht mehr alleine (als „Depp") zu fühlen, sondern zu wissen, dass es durchaus noch andere gibt
* die Erkenntnis und Zufriedenheit, dass man bei sich selbst ja doch einiges verändern kann (auch wenn sich der oder die eine oder andere größere Sprünge bei sich selbst erwartet hätte)
* weniger Hemmungen und mehr Mut, das Thema im Umfeld anzusprechen und den eigenen „Handabdruck" einzusetzen.

Gleichwohl mussten (und müssen) wir alle immer wieder damit zurechtkommen, dass die eigenen Einflussmöglichkeiten begrenzt sind und sich in Gesellschaft / Wirtschaft / Politik nichts bis zu wenig bewegt. Einen Lebensstil zu führen, der mit der „1,5 Grad-Grenze" kompatibel ist, lässt sich ohne eine Änderung der Rahmenbedingungen schlichtweg nicht umsetzen. Diese Spannung auszuhalten und nicht die Flinte ins Korn zu werfen, dabei hilft die Besinnung auf die eigenen Werte und die erfahrene „Selbstwirksamkeit".

Und was sagen unsere KursleiterInnen dazu?

Manche Abschlussäußerung hat uns ganz besonders bewegt – wie zum Beispiel die, dass man die gewachsene Gemeinschaft als sehr wertvoll betrachtet und wie sehr die Gruppe einen getragen hat.

Wir danken allen, die dabei waren, dass wir sie begleiten und von ihnen lernen durften. Und für die Leckereien, die mit viel Mühe und Phantasie und Kreativität für unser leibliches Wohl mitgebracht wurden!

Vor allem aber wünschen wir allen TeilnehmerInnen, dass sie den Geist aus diesem Gruppengefüge bewahren und weitertragen und noch viele kleine wie große Veränderungen bei sich selbst und in ihrem Umfeld und darüber hinaus anstoßen.

Viel Glück!

Elisabeth Frank und Paolo Lucarelli

Angela Kraus

Seit April 2023 bin ich nicht mehr berufstätig. Daher widme ich meine gewonnene Zeit zukünftig bereitwillig neuen Aufgaben. In Gedanken habe ich mich schon seit einigen Jahren auf die Seite der Klimaschützer gestellt, jedoch meinen Alltag längst noch nicht bestmöglich CO_2-einsparend organisiert. Die Verwaltungsleiterin des Pfarrverbandes Menzing lud mich zu einem Informationsabend über klimafreundliches Leben in die Pfarrei Leiden Christi ein. Ich versprach mir von der Teilnahme an dem Kurs, Informationen darüber zu erhalten, welche Verhaltensänderungen im Alltag effektiv dazu beitragen meine persönliche CO_2-Emission zu senken. Einerseits lebte ich bisher gefühlt „klimabewusst", andererseits war mir klar, dass da „noch viel Luft nach oben" war. Daher wollte ich Ideen sammeln, um selbst effektiver Klimaschutz betreiben zu können. Meine Erwartungen wurden erfüllt, die Sichtweisen der Gruppenmitglieder, die sich in unterschiedlichen Lebenssituationen befinden, waren interessant und deren teils schon praktizierte klimafreundliche Lebensweise nachahmenswert. Die harmonischen Diskussionen empfand ich als angenehm.

Die DiskussionsleiterInnen der Organisation Leocor, Projekt Klimainitiative München, führten uns durch die vier Themen: Ernährung, Mobilität, Energie und Konsum. Nach einer Einführung zu den jeweiligen Themen tauschten wir uns zu den gehörten Fakten aus und formulierten neue, individuelle, „CO_2-emissionsärmere" Vorhaben. Unser Ziel war es, diese neuen Verhaltensmuster einzuüben, um sie bestenfalls zukünftig beizubehalten.

Claudia Wagner

Ich bin aktiv im Arbeitskreis Umwelt des Pfarrverband Menzing. Als ich erfahren habe, dass dieser Kurs angeboten wird, fand ich die Idee gut und wollte unbedingt, dass er stattfindet. Außerdem wollte ich gerne, dass in unserem Haushalt aktiv und nachhaltig Umsetzungsschritte getan werden. Deshalb habe ich auch meinen Mann Olaf angesprochen, ob wir gemeinsam am Kurs teilnehmen. Meine Rechnung ging auf und wir haben zusammen immer wieder über mögliche Stellschrauben diskutiert und diese auch umgesetzt. Für mich war es besonders schön zu sehen, dass gemeinsam vieles leichter geht und langfristig in unserem Haushalt umgesetzt wird oder in der Diskussion bleibt.

Insgesamt kann ich für mich feststellen, dass ich mir auch im beruflichen Kontext viele Gedanken zur möglichen Verringerung des CO_2-Abdrucks mache. Gerade in den Feldern Energie und

Konsum (Müllvermeidung) treibe ich in unserem Kindergarten St. Leonhard den bewussten Umgang mit Energie und Verpackung voran.

Evelyn Gora

Ich habe den Kurs bei nebenan.de entdeckt und mich gleich angemeldet, weil ich mich mit dem Thema Klima näher auseinandersetzen wollte. Ich bin bereits bei den Omas for Future und dachte, dass gerade der praktische Ansatz in diesem Kurs mir helfen könnte, nicht nur mehr über den Klimawandel zu wissen, sondern auch praktische Erfahrungen zu sammeln. Ich fand es besonders toll, mich mit jüngeren und älteren Menschen aus der Nachbarschaft, über die Themen Essen, Mobilität, Wohnen und Konsum auszutauschen. Diese haben mir geholfen, d.h. inspiriert, manche Gewohnheiten nochmal zu überdenken. Dadurch habe ich einen anderen Blick auf manches in meiner Umwelt bekommen. Ich gönne mir zunehmend die Zeit, die Eichhörnchen und Vögel (viele Krähen!) in den Bäumen vor meinem Balkon zu beobachten. Und ich experimentiere mit kleinen Veränderungen, stelle mir oft die Frage „was brauche ich wirklich?"

Mit anderen zusammen macht das Sammeln und Ausprobieren von Ideen zum Thema „Klimafreundlich leben" richtig Spaß!

Gabriele Köhne-Volland

Ich kann mich noch sehr gut an ein Erlebnis, zu Beginn einer mehrwöchigen Wanderung erinnern:

Der Rucksack war, vermeintlich mit den wichtigsten Dingen für das Unternehmen gepackt: Regenschutz, Wechselwäsche, Waschzeug, etwas für den Abend in der Unterkunft....

Voll motiviert machte ich mich auf den Weg, der Rucksack, der am Abend davor noch relativ leicht schien, wurde schwerer und schwerer, was sich auch in den folgenden Tagen nicht änderte. Mein Fazit lautete, es muss auch mit noch weniger gehen. Ich sortierte Verschiedenes aus und schickte es nach Hause. Erstaunt und glücklich stellte ich fest, dass man mit sehr wenig auskommen kann und war im wahrsten Sinne des Wortes entlastet. Nun besitzen wir alle zum Glück mehr als in einen Rucksack passt, aber wie oft belasten uns die vielen Dinge, die wir haben?

Trotzdem kennen alle die Verlockung der schönen neuen Dinge und gleichzeitig kann es sehr befreiend sein, Schönes zu sehen mit dem Gefühl, ich brauche das alles nicht, ich werde dadurch nicht glücklicher.

AutorInnen

Olaf Keser-Wagner

Ehrlich gesagt hat mich meine Frau auf den Kurs aufmerksam gemacht. Sie ist schon länger im Arbeitskreis Umwelt tätig und das Angebot klang verlockend.

Als gelernter Landwirt und Agraringenieur mit Fachrichtung Ökolandbau halte ich mein persönliches Wissen über Nachhaltigkeit für gut ausgebildet. Dennoch haben mich manche Zahlen überrascht, die uns von den KursleiterInnen vorgestellt wurden. Und das Bewusstsein, dass wir konkret mehr tun müssen, um die 1,5-Grad Schwelle zu halten, ist zwar vorhanden, jedoch spüre ich immer wieder, wie herausfordernd gerade auch die kleinen Änderungen im Alltag sind.

Wer sich wirklich ändern will, sollte mit den kleinen Schritten anfangen. Diese kleinen Schritte haben wir gemeinsam in dem Kurs angeschaut und uns gegenseitig unterstützt, sie umzusetzen.

Klimafreundlich leben geht für mich gemeinsam deutlich leichter. Mein Fazit: Mein Bewusstsein, wo ich was noch sparen kann, ist deutlich gewachsen und das schlechte, aber auch das gute Gewissen meldet sich häufiger, wenn ich die falschen oder richtigen Dinge dafür tue.

Anna Feldmeier

Ich schließe mich Olaf an: seine Frau hat mich motiviert mitzumachen und mir den Flyer in die Hand gedrückt. Es war Winter und ich habe mich gefreut, die Abende für was Sinnvolles zu nutzen und war überrascht über die hohe Motivation in der Gruppe.

Der Austausch hat mir gutgetan, das Thema Ernährung liegt mir am Herzen. Seit meinem Landwirtschafts-Studium befasse ich mich mit ökologisch erzeugten Lebensmitteln und dem Thema Ernährung. Motiviert haben mich aber gerade die anderen Themen, mit denen ich nicht ganz so vertraut bin. Ich habe mir hier Inspirationen geholt, was ich im täglichen Leben in meiner vierköpfigen Familie noch integrieren kann. Die Überschriften klangen immer groß, doch mir wurde bewusst, dass ich zu jedem Thema eine nachhaltige Maßnahme gefunden habe, die ich bereits umsetze. Das hat mich zum einen bestätigt und mich motiviert auch neue Maßnahmen mit einzuführen, beispielsweise haben mein Mann und ich uns nun das Familien-Tempo-Limit von 120 km/h gesetzt.

Man ist nicht perfekt, man weiß nicht alles und man könnte noch so viel mehr machen oder was wir schon alles hätten machen können – aber das Wichtigste ist, dass man sich ein Bewusstsein schafft, die Gedanken ordnet und kleine

Maßnahmen Schritt für Schritt integriert. Gespräche mit anderen in einer Gruppe sind bereichernd und lassen Neues rein. Die Hoffnung darf niemals aufgegeben werden, eine enkeltaugliche Welt zu hinterlassen.

Dank aller anderen Mitglieder in der Gruppe hat man noch so viel andere Inspirationen bekommen und die Gespräche und Diskussionen regen an und motivieren.

Ulrike Parusel

Nun steht also die „Abschlussarbeit" an – über meine eigenen Erfahrungen in einem der vier großen Bereiche des Klimaschutzes zu berichten. Ich forsche in meinem Gehirn nach meinen Vorhaben, meinen Aha-Effekten, etwas das mich bewegt hat. Nicht so einfach, schließlich liegt der erste Termin fast ein halbes Jahr zurück. Einzelne Momente, überraschende und manchmal erschreckende Informationen, einzelne Ideen und Ziele tauchen auf, aber nicht das eine prägende Vorhaben. Das Ergebnis meines Nachdenkens ist, dass es nicht die eine Sache war, sondern mich Vieles bewegt hat. Nein, nicht Vieles, sondern Alles hat mich bewegt und ist mehr oder weniger merklich in meinem Alltag eingeflossen, hat mein Verhalten und Denken verändert und bewusster gemacht. Vor und nach den Treffen habe ich mich weiter mit dem jeweiligen Thema beschäftigt.

Nach dem ersten Treffen mit dem Thema CO_2-Fußabdruck und der Klima-Challenge der Stadt Nürnberg. Bei dem Thema Ernährung war ich beeindruckt von der internationalen Zusammenarbeit der Wissenschaftsbereiche bei dem EAT-Lanchet, bei Mobilität sind mir Beispiele der europäischen verkehrsberuhigten Großstädte aufgefallen. Das waren alles keine Vorhaben, sondern Interesse, das geweckt wurde. Ich habe mich immer auf die Treffen gefreut, dabei ist Klimakatastrophe und individuelle Verantwortung doch bei so vielen Menschen das Hassthema schlechthin, welches die Emotionen hochkochen lässt. Doch genau das hat mich beschwingt: Ich war nicht mehr alleine die „Öko", nicht die Einzige, die sich hinterfragt, die ihren Verbrauch an Strom, Gas, Wasser, Benzin aber auch Fleisch und Klamotten reduziert. Es ist schön, das Gefühl zu haben, nicht alleine auf verlorenem Posten zu kämpfen. Ich bin nicht der einzige „Depp", dem die Spaßbremse ökologisches Bewusstsein die Flugreise und Kreuzfahrt vergällt. Endlich muss ich nicht mein „Gutmenschentum" verteidigen. Die erschreckenden Forschungsergebnisse machen mich nicht so hilflos, wenn ich das Gefühl habe, ich tue, was ich kann und andere machen mit und bestärken mich. Es macht Spaß, sich immer neue kleine Herausforderungen zu überlegen und zu hören, was die anderen für Ideen haben. Es ist wie ein Spiel.

Es sind die vielen kleinen Dinge, die ich tun kann, um die Welt ein kleines Stück zu verändern und zu retten. Und das erstaunliche ist: diese vielen kleinen Dinge tun gar nicht so weh! Es braucht ein wenig Zeit zur Umstellung, aber es ist ein sehr lohnendes Gefühl, wenn man es geschafft hat sein Vorhaben umzusetzen.

Welche Vorhaben sind noch offengeblieben?

Dem Wechsel des Stromanbieters zum „echten" Ökostrom steht eigentlich nichts mehr im Weg. Könnte ich auch zu Ökogas wechseln? Oder sogar Geld in einen Windpark o.ä. anlegen?

Elektrische Geräte weniger und bewusster nutzen – wie oft lasse ich z.B. den Wasserkocher mehrfach kochen, weil ich ihn zwischendrin vergessen habe? Fegen statt saugen... Geräte ganz aus und nicht auf Stand-by... Alles reduzieren, von Allem weniger – das klingt verlockend in dem Familienchaos der herumliegenden Dinge...

Aber der Kurs ist jetzt vorbei. Das wichtigste Vorhaben ist vielleicht, mir eine neue Gruppe Gleichgesinnter zu suchen, damit ich mich nicht allein fühle, damit es weiter Spaß macht, damit ich neue Ideen bekomme. Klimaretter, ich komme!

Uwe Reebs

Ein Mitglied im Arbeitskreis Umwelt der Pfarrei hatte mich schon in der Vorplanung zu dem Kurs darauf angesprochen, was ich von so einem Kurs halten würde und ob ich nicht Interesse hätte mitzumachen. Erst war ich sehr skeptisch. Ich konnte mir das Ganze nicht so recht vorstellen und dachte mir, geredet ist eigentlich genug zu dem Thema.

Tja, und dann war es soweit und der Infoabend und die Art und Weise, wie unsere Kursleitungen das präsentiert haben und wie ich die anderen InteressentInnen erlebt habe, führten dann schnell zu einem Ja.

Es ging nicht nur ums Reden, sondern ganz konkret um das Umsetzen von eigenen Maßnahmen und um eine gemeinsame Maßnahme/Aktion der gesamten Gruppe. Sehr bemerkenswert fand ich, dass die Pfarrei einen Teil der Kosten übernommen hat, unabhängig von einer formalen Zugehörigkeit der TeilnehmerInnen zur Pfarrei.

Der Prozess in der Gruppe war dann sehr engagiert und wertschätzend. Es gab kein Vergleichen, wer macht mehr oder weniger. Wir konnten wechselseitig die Möglichkeiten und Grenzen des Einzelnen in seinem Alltag anerkennen. Was für den einen recht leicht umzusetzen war, erschien dem anderen eine große Herausforderung und umgekehrt.

Die Gruppe und der Kurs haben mir sehr geholfen, an meinen geplanten und umgesetzten Verhaltensänderungen dranzubleiben. Meine innere Verpflichtung und mein tatsächlicher Einsatz für ein klimafreundlicheres Leben sind eindeutig gestiegen.

Und wie geht es für dich weiter?

Wenn du selbst einmal an einem solchen Kurs teilnehmen willst, frage doch in unserer Gemeinde nach:

Pfarrverband Menzing
Pfarrei Leiden Christi
Passionistenstr. 12
D-81247 München
E-Mail: Leidenchristi.Muenchen@ebmuc.de
Tel: +49 89 891141-0

Pfarrei St. Leonhard
Goßwinstr. 11
D-81245 München
E-Mail: St-Leonhard.Muenchen@ebmuc.de
Tel: +49 89-829206-0

Oder du kontaktierst https://leocor.org, die im Großraum München immer wieder solche Kurse anbieten.
Wenn du dieses Büchlein weitergeben willst, kannst du es direkt bestellen bei www.bod.de/buchshop. Dort gibst du noch den Suchbegriff „klimafreundlich leben" ein.